Die Liederfibel
zur Guten Nacht

Foto: © privat

DIE ILLUSTRATORIN

Tina Schulte, geboren 1974 in Münster, studierte Grafik-Design mit dem Schwerpunkt Illustration. Seit 2002 arbeitet sie als freie Illustratorin für verschiedene Verlage und widmet sich dabei fast ausschließlich dem illustrierten Kinderbuch.

OMNIBUS
ist der Taschenbuchverlag für Kinder
in der Verlagsgruppe Random House

Umwelthinweis:
Alle bedruckten Materialien dieses Taschenbuches
sind chlorfrei und umweltschonend.

1. Auflage
Erstmals als OMNIBUS Taschenbuch März 2008
Gesetzt nach den Regeln der Rechtschreibreform
© 2006 Patmos Verlag GmbH & Co. KG, Düsseldorf
Alle Rechte dieser Ausgabe vorbehalten
durch OMNIBUS, München
Umschlagbild und Innenillustrationen: Tina Schulte
Umschlaggestaltung: Basic-Book-Design,
Karl Müller-Bussdorf
he · Herstellung: BB
Satz: Uhl + Massopust, Aalen
Druck und Einband: Těšínská tiskárna a. s., Český Těšín
ISBN: 978-3-570-21851-8
Printed in the Czech Republic

www.omnibus-verlag.de

Die Liederfibel zur Guten Nacht

Mit Bildern von
Tina Schulte

Quellen

Eva Bartoschek-Rechlin (Text), Richard Rudolf Klein (Melodie), Wie man schlafen geht. © Text: Autorin. © Musik: Daimonion Verlag

Wolfgang Borchert (Text), Helmut Nielsen/Dagmar Peters-Bartel (Melodie), Abendlied. Aus: Wolfgang Borchert, Das Gesamtwerk. © Text: 1949 by Rowohlt Verlag GmbH, Hamburg. © Musik: Helmut Nielsen/Dagmar Peters-Bartel.

Hans Bradtke (Text), Erwin Haletz (Melodie), Onkel Satchmo's Lullaby. © 1965 by CCC-Ton Schacht & Co, Hamburg/Hermann Schneider Bühnen- und Musikalien Verlag, Wien. © Musik: Patmos Verlag GmbH & Co. KG, Düsseldorf.

Michael Ende (Text), Dorothée Kreusch-Jacob (Melodie), Ein Zauberspruch gegen böse Träume. Aus: Michael Ende, DAS SCHNURPSENBUCH. © Text 1979 by Thienemann Verlag (Thienemann Verlag GmbH), Stuttgart – Wien. © Musik: Patmos Verlag GmbH & Co. KG, Düsseldorf.

Heino Gaze (Text/Melodie), La-Le-Lu. © 1959 by Peter Schaeffers Musikverlag.

Fritz Jöde (Text), Otto Laub (Melodie), Abendstille. © by Möseler Verlag, Wolfenbüttel.

Mascha Kaléko (Text), Dorothée Kreusch-Jacob (Melodie), Der Mann im Mond. Aus: Mascha Kaléko, Die paar leuchtenden Jahre. © Text: 2003 Deutscher Taschenbuch Verlag, München. © Musik: Dorothée Kreusch-Jacob/Verlag MUSICJUSTMUSIC GmbH

Bernd Kohlhepp (Text), Jürgen Treyz (Melodie), Wenn die Ritter schlafen gehen. © Autoren.

Dorothée Kreusch-Jacob (Text/Melodie), Sieben kleine Siebenschläfer. © Autorin

Helga Mauersberger (Text), Kurt Drabek (Melodie), Kommt ein Wölkchen angeflogen. © Text: Autorin. © Musik: Ulrich Drabek

Fredrik Vahle (Text), trad. (Melodie), Schlaflied für Anne. © Aktive Musik Verlagsgesellschaft mbH, Dortmund. Das Abendwolkenschaf. Text/Melodie © Autor.

Trotz aller Bemühungen konnten nicht alle Rechteinhaber ermittelt werden. Rechtmäßige Ansprüchen werden auf Anfrage vom Verlag abgegolten.

Inhalt

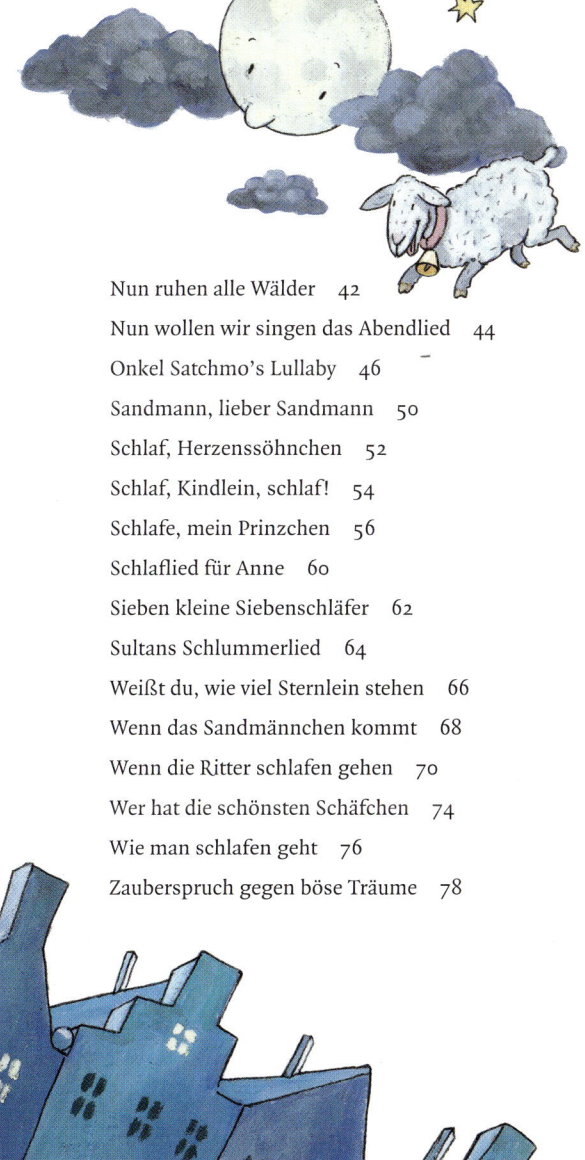

Abendlied   6

Abendstille   8

Aber heidschi bum beidschi   10

Ade zur guten Nacht   14

Das Abendwolkenschaf   16

Der Mann im Mond   18

Der Mond ist aufgegangen   20

Der Sandmann ist da   22

Die Blümelein, sie schlafen   24

Guten Abend, gut' Nacht   26

Guter Mond, du gehst so stille   28

Kommt ein Wölkchen angeflogen   30

La-le-lu   34

Leise, Peterle, leise   38

Müde bin ich, geh zur Ruh   40

Nun ruhen alle Wälder   42

Nun wollen wir singen das Abendlied   44

Onkel Satchmo's Lullaby   46

Sandmann, lieber Sandmann   50

Schlaf, Herzenssöhnchen   52

Schlaf, Kindlein, schlaf!   54

Schlafe, mein Prinzchen   56

Schlaflied für Anne   60

Sieben kleine Siebenschläfer   62

Sultans Schlummerlied   64

Weißt du, wie viel Sternlein stehen   66

Wenn das Sandmännchen kommt   68

Wenn die Ritter schlafen gehen   70

Wer hat die schönsten Schäfchen   74

Wie man schlafen geht   76

Zauberspruch gegen böse Träume   78

Abendlied (Warum geht nun die Sonne fort)

Text: Wolfgang Borchert
Musik: Helmut Nielsen / Dagmar Peters-Bartel

1. Wa-rum, ach sag, wa-rum   geht nun die Son-ne fort?   Schlaf
2. Wa-rum, ach sag, wa-rum   wird unse-re Stadt so still?   Schlaf
3. Wa-rum, ach sag, wa-rum   brennt die La-ter-ne so?   Schlaf
4. Wa-rum, ach sag, wa-rum   gehn man-che Hand in Hand?   Schlaf

ein, mein Kind, und träu-me sacht, das kommt wohl von der
ein, mein Kind, und träu-me sacht, das kommt wohl von der
ein, mein Kind, und träu-me sacht, das kommt wohl von der
ein, mein Kind, und träu-me sacht, das kommt wohl von der

dunk-len Nacht, da geht die Son-ne fort.
dunk-len Nacht, weil sie dann schla-fen will.
dunk-len Nacht, da brennt sie lich-ter - loh!
dunk-len Nacht, da geht man Hand in Hand.

5. Warum, ach sag, warum
   ist unser Herz so klein?
   Schlaf ein, mein Kind, und träume sacht,
   das kommt wohl von der dunklen Nacht,
   da sind wir ganz allein.

Wa-   rum, ach sag,   wa-   rum   geht   nun   die Son- ne   fort? Schlaf

ein,   mein   Kind,   und   träu-   me   sacht,   das   kommt   wohl von der

unk- len   Nacht,   da   geht   die   Son-   ne   fort.

Abendstille

Text: Fritz Jöde
Melodie: Otto Laub

Kanon zu drei Stimmen

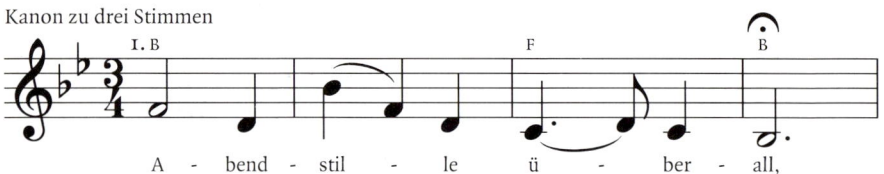

A - bend - stil - le ü - ber - all,

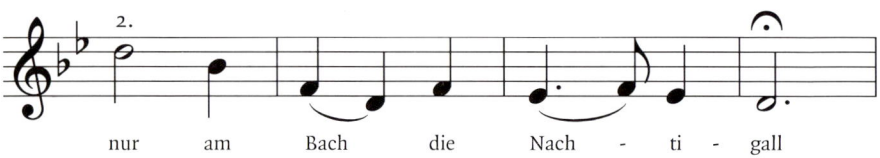

nur am Bach die Nach - ti - gall

singt ih - re Wei - se kla - gend und lei - se durch das Tal.

A- bend- stil- le ü- ber- all,

nur am Bach die Nach- ti- gall

singt ih- re Wei- se kla- gend und lei- se durch das Tal.

Aber heidschi bum beidschi

Text und Melodie:
aus Bayern und Österreich

1. A - ber heid - schi bum beid - schi, schlaf lan - ge,
2. A - ber heid - schi bum beid - schi, schlaf süa - ße,
3. A - ber heid - schi bum beid - schi, im Him - mi,
4. Da Heid - schi - bum - beid - schi is kum - ma

es is ja dei Muat - ter aus - gan - ge,
de En - ge - lan las - sn di grüa - ße,
da fahrt di a schnee - wei - ßer Schim - mi,
und hat ma mei Büa - berl mit - gnum - ma.

sie is ja aus - gan - ge und kimmt nim - ma
sie las - sn di grüa - ße, und las - sn di
drauf sitzt a kloas En - gal mit oa - ner La -
Er hat mas mit - gnum - ma und hats nim - ma

hoam und lasst des kloa Büa - ba - le ganz al - loa.
fragn, ob du im Him - mi spa - ziern willst fahrn.
tern, drein leucht vom Him - mi der al - ler - schönst Stern.
bracht, drum wünsch i meim Büa - berl a recht gua - te Nacht.

A- ber heid- schi bum beid- schi, schlaf lan- ge,

es is ja dei Muat- ter aus- gan- ge,

sie is ja aus- gan- ge und kimmt nim- ma

hoam und lasst des kloa Büa- ba- le ganz al- loa.

A - ber   heid - schi bum   beid - schi   bum   bum!_____

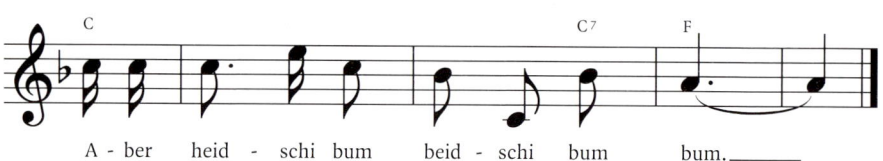

A - ber   heid - schi bum   beid - schi   bum   bum._____

| A- | ber | heid- | schi | bum | beid- | schi | bum | bum! |

| A- | ber | heid- | schi | bum | beid- | schi | bum | bum. |

Ade zur guten Nacht

Text und Melodie:
trad.

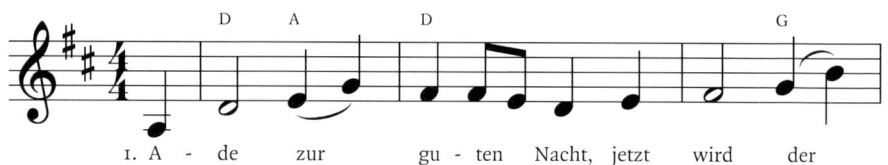

1. A - de zur gu - ten Nacht, jetzt wird der

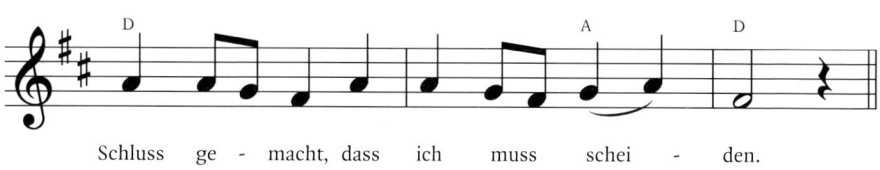

Schluss ge - macht, dass ich muss schei - den.

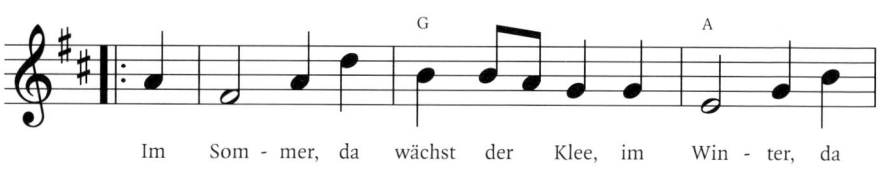

Im Som - mer, da wächst der Klee, im Win - ter, da

schneits den Schnee, da komm ich wie - der.

A-   de   zur   gu-   ten   Nacht,   jetzt   wird   der

Schluss   ge-   macht,   dass   ich   muss   schei-   den.

Im   Som-   mer,   da   wächst   der   Klee,   im   Win-   ter,   da

schneits   den   Schnee,   da   komm   ich   wie-   der.

Das Abendwolkenschaf

Text und Melodie:
Fredrik Vahle

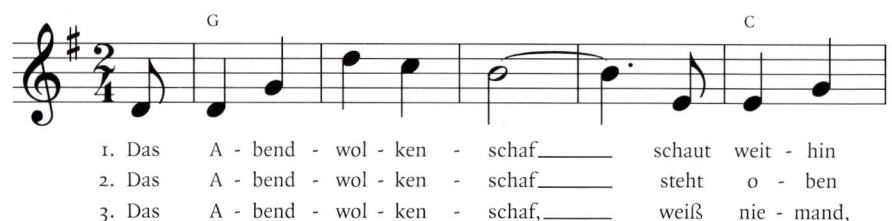

1. Das A - bend - wol - ken - schaf_____ schaut weit - hin
2. Das A - bend - wol - ken - schaf_____ steht o - ben
3. Das A - bend - wol - ken - schaf,_____ weiß nie - mand,

ü - bers Land.   Es   lockt den   A - bend   an
auf dem Deich.   Wenn   es nach   Hau - se   geht,
wo es wohnt,   doch   wenn es   geht, er - scheint

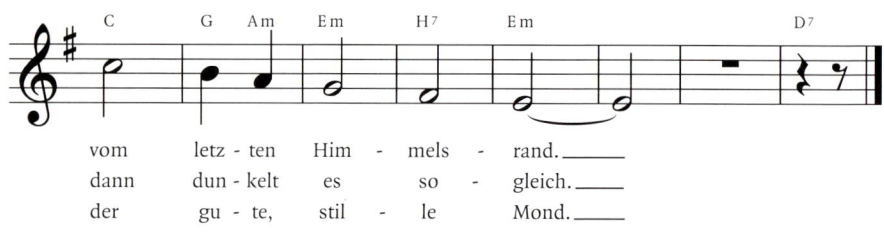

vom letz - ten Him - mels - rand._____
dann dun - kelt es so - gleich._____
der gu - te, stil - le Mond._____

Das A- bend- wol- ken- schaf schaut weit- hin

ü- bers Land. Es lockt den A- bend an

vom letz- ten Him- mels- rand.

Der Mann im Mond

Text: Mascha Kaléko
Melodie: Dorothée Kreusch-Jacob

1. Der Mann im Mond hängt bun - te Träu - me,
2. Da gibt es gel - be, ro - te, grü - ne
3. Auch Träu - me, die auf Rei - sen füh - ren

die sei - ne Mond - frau spinnt aus Licht,
und Träu - me ganz in Him - mel - blau.
in Fer - nen, a - ben - teu - er - lich. –

all - nächt - lich in die A - bend - bäu - me,
Mit Gold durch - wirk - te, zar - te, küh - ne
Da hän - gen sie an Sil - ber - schnü - ren!

mit ei - nem Lä - cheln im Ge - sicht.
für Bub und Mä - del, Mann und Frau.
Und ei - ner da - von ist für dich.

Der   Mann   im   Mond   hängt   bun-   te   Träu-   me,

die   sei-   ne   Mond-   frau   spinnt   aus   Licht,

all-   nächt-   lich   in   die   A-   bend-   bäu-   me,

mit   ei-   nem   Lä-   cheln   im   Ge-   sicht.

Der Mond ist aufgegangen

Text: Matthias Claudius
Melodie: Johann Abraham Peter Schultz

F	C7	F	B	F	Gm/B	C7 F	A7/E	Dm	Am/C	B	F

1. Der Mond ist auf - ge - gan - gen, die gold - nen Stern - lein
2. Wie ist die Welt so stil - le und in der Dämm - rung
3. Seht ihr den Mond dort ste - hen? Er ist nur halb zu
4. So legt euch denn, ihr Brü - der, in Got - tes Na - men

C7	F	A7	Dm	Am/C	B	G/H	C	Dm

pran - gen am Him - mel hell und klar, der
Hül - le so trau - lich und so hold als
se - hen und ist doch rund und schön. So
nie - der, kalt ist der A - bend - hauch. Ver -

Gm	F	B	F	C7	Dm	A/E	Dm/F	B	F/A

Wald steht schwarz und schwei - get und aus den Wie - sen
ei - ne stil - le Kam - mer, wo ihr des Ta - ges
sind wohl man - che Sa - chen, die wir ge - trost be -
schon uns, Gott, mit Stra - fen und lass uns ru - hig

C7	F	A7	Dm	Am/C	B	G/H	C7	F

stei - get der wei - ße Ne - bel wun - der - bar.
Jam - mer ver - schla - fen und ver - ges - sen sollt.
la - chen, weil uns - re Au - gen sie nicht sehn.
schla - fen und un - sern kran - ken Nach - barn auch.

Der Mond ist auf- ge- gan- gen, die gold- nen Stern- lein

pran- gen am Him- mel hell und klar, der

Wald steht schwarz und schwei- get und aus den Wie- sen

stei- get der wei- ße Ne- bel wun- der- bar.

Der Sandmann ist da

Text und Melodie:
trad.

1. Der Sand - mann ist da! Der Sand - mann ist
2. Der Sand - mann ist da! Der Sand - mann ist

da! Er hat so schö - nen wei - ßen Sand, ist
da! Da guckt er schon zum Fens - ter rein, zu

al - len Kin - dern wohl be - kannt. Der Sand - mann ist da!
all den lie - ben Kin - der - lein. Der Sand - mann ist da!

Der Sand- mann ist da! Der Sand- mann ist

da! Er hat so schö- nen wei- ßen Sand, ist

al- len Kin- dern wohl be- kannt. Der Sand- mann ist da!

Die Blümelein, sie schlafen

Text: Friedrich von Spee
Melodie: Anton Wilhelm Florentin von Zuccalmaglio

1. Die Blü - me - lein, sie schla-fen schon längst im Mon - den - schein.
   Sie ni - cken mit den Köpf-chen auf ih - ren Stän - ge - lein.

2. Die Vö - ge - lein, sie san - gen so süß im Son - nen - schein.
   Sie sind zur Ruh ge - gan - gen in ih - re Nest - chen klein.

3. Sand-männ-chen kommt ge-schli-chen und guckt durchs Fens - ter - lein,
   ob ir - gend - wo ein Lieb-chen nicht mag zu Bet - te sein.

Es rüt - telt sich der Blü - ten-baum, er säu-selt wie im Traum:
Das Heim-chen in dem Äh - ren-grund, es tut al - lein sich kund:
Und wo er noch ein Kind - lein fand, streut er ins Aug' ihm Sand.

1.–3. Schla - fe, schla - fe, schlaf ein, mein Kin - de - lein.

Die Blü- me- lein, sie schla- fen schon längst im Mon- den- schein.
Sie ni- cken mit den Köpf- chen auf ih- ren Stän- ge- lein.

Es rüt- telt sich der Blü- ten- baum, er säu- selt wie im Traum:

Schla- fe, schla- fe, schlaf ein, mein Kin- de- lein.

Guten Abend, gut' Nacht

Text: aus *Des Knaben Wunderhorn*
Melodie: Johannes Brahms

1. Gu - ten A - bend, gut' Nacht, mit Ro - sen be - dacht, mit
2. Gu - ten A - bend, gut' Nacht, von Eng-lein be - wacht, die

Näg - lein be - steckt, schlupf un - ter die Deck: Mor - gen
zei - gen im Traum dir Christ - kind - leins Baum: schlaf nun

früh, wenn Gott will, wirst du wie - der ge - weckt, mor - gen
se - lig und süß, schau im Traum's Pa - ra - dies, schlaf nun

früh, wenn Gott will, wirst du wie - der ge - weckt.
se - lig und süß, schau im Traum's Pa - ra - dies.

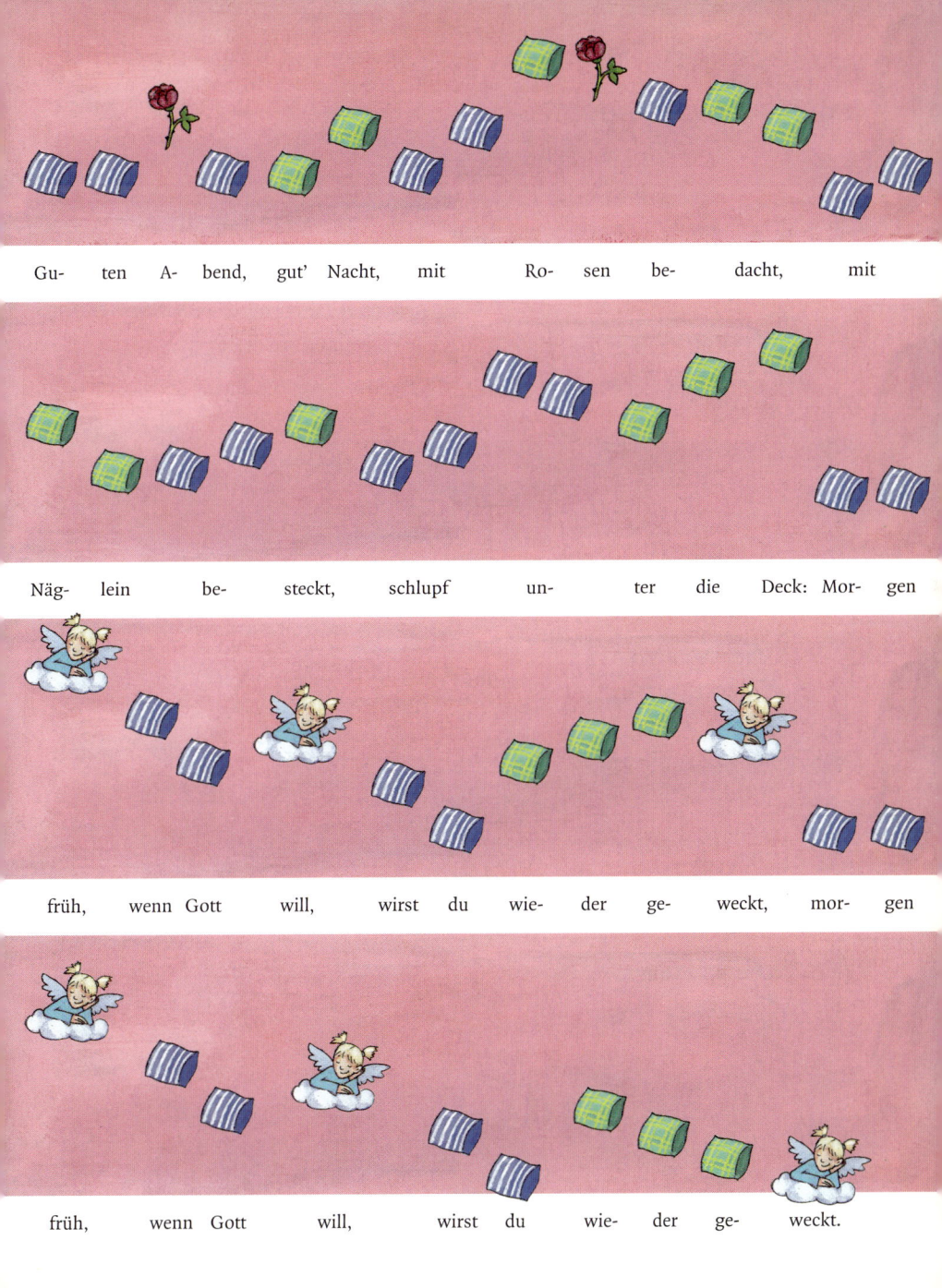

Gu- ten A- bend, gut' Nacht, mit Ro- sen be- dacht, mit

Näg- lein be- steckt, schlupf un- ter die Deck: Mor- gen

früh, wenn Gott will, wirst du wie- der ge- weckt, mor- gen

früh, wenn Gott will, wirst du wie- der ge- weckt.

Guter Mond, du gehst so stille

Text: Verfasser unbekannt
Melodie: trad.

1. Gu - ter Mond, du gehst so stil - le durch die A - bend - wol - ken
   dei - nes Schöp-fers wei - ser Wil - le hieß auf je - ner Bahn dich
2. Gu - ter Mond, du wan - delst lei - se an dem blau - en Him - mels-
   wo dich Gott zu sei - nem Prei - se hat als Leuch-te hin - ge -

hin; Leuch - te freund - lich je - dem Mü - den in das
ziehn.
zelt, Bli - cke trau - lich zu uns nie - der durch die
stellt.

stil - le Käm - mer - lein und dein Schim - mer gie - ße
Nacht aufs Er - den - rund. Als ein treu - er Men - schen-

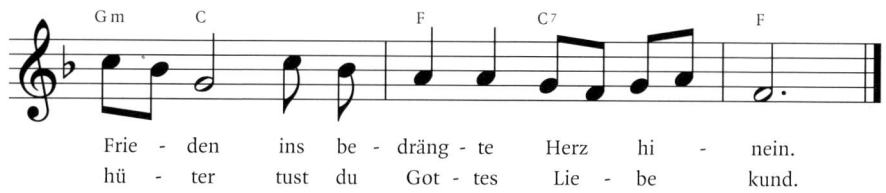

Frie - den ins be - dräng - te Herz hi - nein.
hü - ter tust du Got - tes Lie - be kund.

Gu- ter Mond, du gehst so stil- le durch die A- bend- wol- ken
dei- nes Schöp- fers wei- ser Wil- le hieß auf je- ner Bahn dich

hin; Leuch- te freund- lich je- dem Mü- den in das
ziehn.

stil- le Käm- mer- lein und dein Schim- mer gie- ße

Frie- den ins be- dräng- te Herz hi- nein.

Kommt ein Wölkchen angeflogen

Text: Helga Mauersberger
Melodie: Kurt Drabek

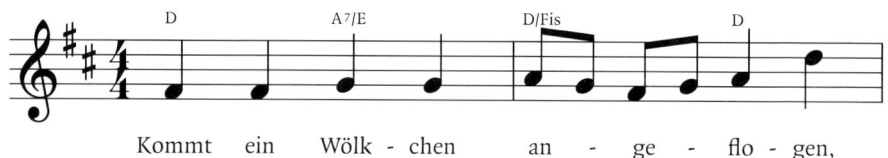

Kommt ein Wölk - chen an - ge - flo - gen,

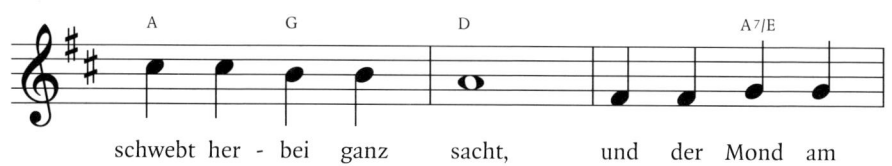

schwebt her - bei ganz sacht, und der Mond am

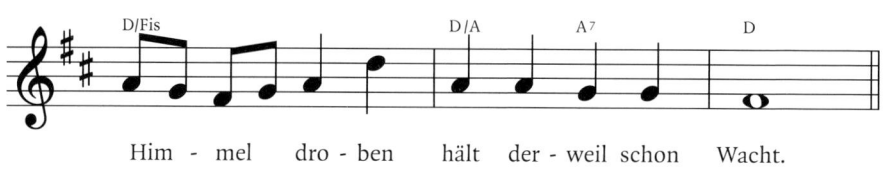

Him - mel dro - ben hält der - weil schon Wacht.

A - bend will es wie - der wer - den, al - les geht zur

Kommt ein Wölk- chen an - ge - flo- gen,

schwebt her- bei ganz sacht, und der Mond am

Him - mel dro- ben hält der- weil schon Wacht.

A- bend will es wie- der wer- den, al- les geht zur

Ruh und die Kin - der auf der Er - de

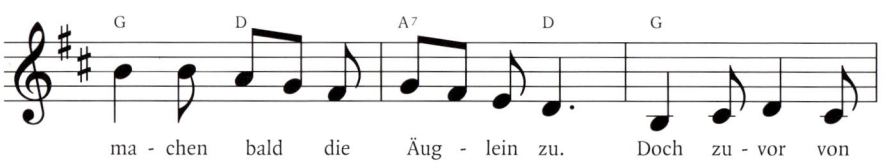

ma - chen bald die Äug - lein zu. Doch zu - vor von

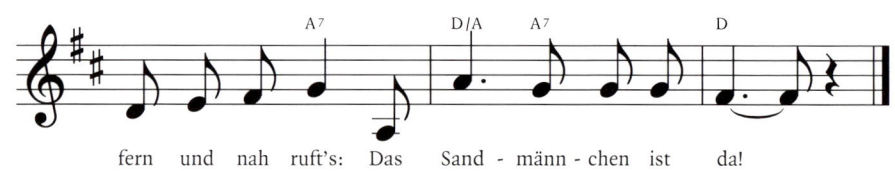

fern und nah ruft's: Das Sand - männ - chen ist da!

Ruh und die Kin- der auf der Er- de

ma- chen bald die Äug- lein zu. Doch zu- vor von

fern und nah ruft's: Das Sand- männ- chen ist da!

La-Le-Lu

Text und Melodie:
Heino Gaze

La - le - lu,   nur   der   Mann   im   Mond   schaut
La - le - lu,   vor   dem   Bett - chen   stehn   zwei

zu,   wenn   die   klei - nen   Ba - bys   schla - fen,
Schuh   und   die   sind   ge - nau   so   mü - de,

1. drum   schlaf   auch   du!   2. gehn   jetzt   zur   Ruh.

Dann   kommt   auch   der   Sand - mann,   leis   tritt   er   ins   Haus,

La- le- lu, nur der Mann im Mond schaut

zu, wenn die klei- nen Ba- bys schla- fen,

drum schlaf auch du! gehn jetzt zur Ruh.

Dann kommt auch der Sand- mann, leis tritt er ins Haus,

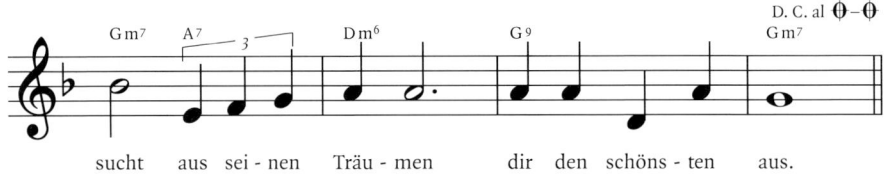

sucht aus sei - nen Träu - men dir den schöns - ten aus.

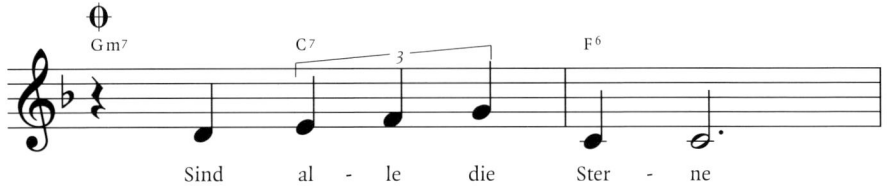

Sind al - le die Ster - ne

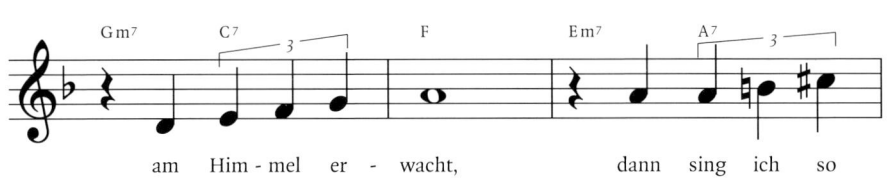

am Him - mel er - wacht, dann sing ich so

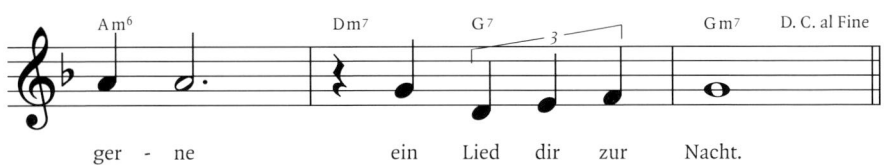

ger - ne ein Lied dir zur Nacht.

sucht aus sei- nen Träu- men dir den schöns- ten aus.

Sind al- le die Ster- ne

am Him- mel er- wacht, dann sing ich so

ger- ne ein Lied dir zur Nacht.

Leise, Peterle, leise

Text: Paula Dehmel
Melodie: trad.

1. Lei - se, Pe - ter - le, lei - se, der Mond geht
2. Stil - le, Pe - ter - le, stil - le, der Mond hat
3. Träu - me, Pe - ter - le, träu - me, der Mond guckt

auf die Rei - se, er hat sein wei - ßes
ei - ne Bril - le. Ein grau - es Wölk - chen
durch die Bäu - me. Ich glau - be gar, jetzt

Pferd ge - zäumt, das geht so leis, als ob es
schob sich vor, das sitzt ihm grad auf Nas und
bleibt er stehn, um Pe - ter - le im Schlaf zu

träumt. Lei - se, Pe - ter - le, lei - se.
Ohr. Stil - le, Pe - ter - le, stil - le!
sehn. Träu - me, Pe - ter - le, träu - me!

4. Ruhe, Peterle, ruhe,
der Mond hat goldene Schuhe.
Er hat sie schon bei Tag geputzt,
weil er sie ja nur nachts benutzt.
Ruhe, Peterle, ruhe!

5. Schlafe, Peterle, schlafe,
der Mond hat goldene Schafe.
Sie gehn am Himmel still und sacht
und sagen Peterle „Gute Nacht!"
Schlafe, Peterle, schlafe.

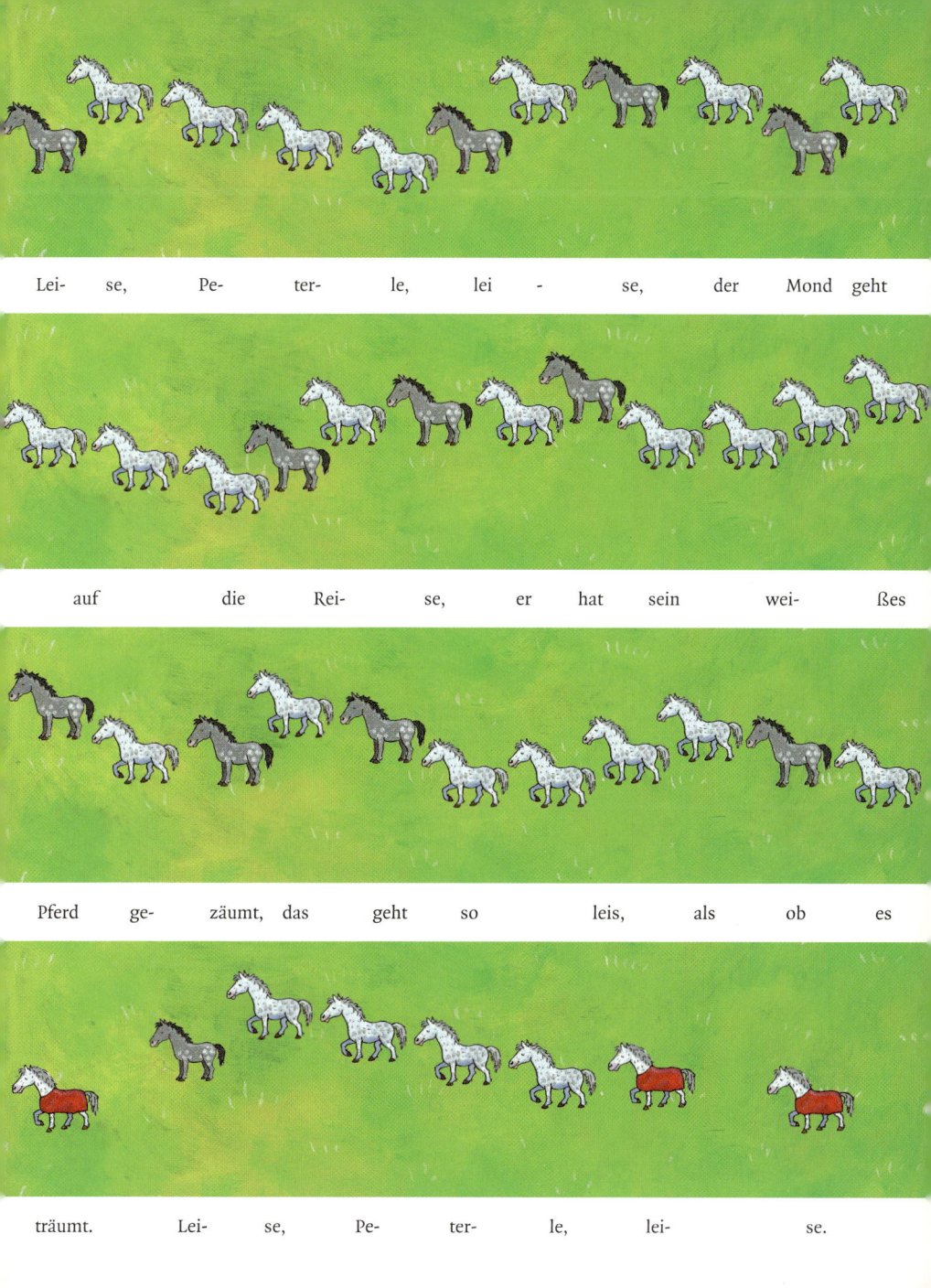

Lei- se, Pe- ter- le, lei - se, der Mond geht

auf die Rei- se, er hat sein wei- ßes

Pferd ge- zäumt, das geht so leis, als ob es

träumt. Lei- se, Pe- ter- le, lei- se.

Müde bin ich, geh zur Ruh

Text: Luise Hensel
Melodie: Georg Witthauer

1. Mü - de bin ich, geh zur Ruh,
2. Al - le, die mir sind ver - wandt,
3. Kran - ken Her - zen sen - de Ruh,

schlie - ße mei - ne Au - gen zu; Va - ter, lass die
Gott, lass ruhn in dei - ner Hand! Al - le Men - schen,
nas - se Au - gen schlie - ße zu; lass den Mond am

Au - gen dein ü - ber mei - nem Bet - te sein!
groß und klein, sol - len dir be - foh - len sein.
Him - mel stehn und die stil - le Welt be - sehn.

Mü-　　　　de　　　bin　　　ich,　　　geh　　　zur　　　Ruh,

schlie-　　ße　　mei-　　ne　　Au-　　gen　　zu;　　Va-　　ter,　　lass　　die

Au-　　gen　　dein　　ü-　　ber　　mei-　　nem　　Bet-　　te　　sein!

Nun ruhen alle Wälder

Text: Paul Gerhardt
Melodie: nach Joh. Seb. Bach

1. Nun ru - hen al - le Wäl - der, Vieh, Men - schen,
2. Der Tag ist nun ver - gan - gen, die güld - nen
3. Auch euch, ihr mei - ne Lie - ben, soll heu - te

Städt' und Fel - der, es schläft die gan - ze Welt; ihr
Stern - lein pran - gen am blau - en Him - mels - saal; al -
nicht be - trü - ben kein Un - fall noch Ge - fahr. Gott

a - ber mei - ne Sin - nen, auf, auf, ihr sollt be -
so werd ich auch ste - hen, wann mich wird hei - ßen
lass euch se - lig schla - fen, stell euch die güld - nen

gin - nen, was eu - rem Schöp - fer wohl - ge - fällt.
ge - hen mein Gott aus die - sem Jam - mer - tal.
Waf - fen ums Bett und Sei - ner En - gel Schar.

42

Nun ru- hen al- le Wäl- der, Vieh, Men- schen,

Städt' und Fel- der, es schläft die gan- ze Welt; ihr

a- ber mei- ne Sin- nen, auf, auf, ihr sollt be-

gin- nen, was eu- rem Schöp- fer wohl- ge- fällt.

Nun wollen wir singen das Abendlied

Text und Melodie:
aus dem Odenwald

	C						G	
1. Nun	wol - len	wir	sin - gen	das	A	-	bend - lied
2. Es	wei - nen	viel	Au - gen	wohl	jeg - li - che	Nacht,
3. Es	wan - dern	viel	Stern - lein	am	Him	-	mels - rund,
4. Dass	Gott uns	be - hüt,	bis	die	Nacht	ver - geht,

F		G		C	
und	be - ten,	dass	Gott uns	be -	hüt._____
bis	mor - gens	die	Son - ne	er -	wacht._____
wer	sagt	ih - nen	Fahr - weg	und	Stund?_____
kommt,	sin - get	das	A - bend - ge -	bet._____

Nun wol- len wir sin- gen das A- bend- lied

und be- ten, dass Gott uns be- hüt.

Onkel Satchmo's Lullaby

Text: Hans Bradtke
Melodie: Erwin Haltetz

1. Ich sag „Gu - te Nacht", and I say „good night"!
Schon leuch - tet ein Stern! Yes I see his light.
2. Ich träu - me von dir! And I dream of you!
Bleib im - mer mein gro - ßer Freund! Yes, I do!

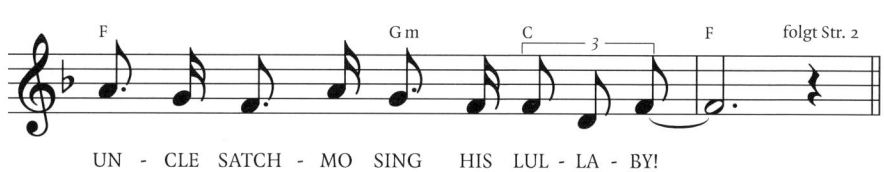

Die Son - ne geht schla - fen, der Tag ist vor - bei, WHEN

UN - CLE SATCH - MO SING HIS LUL - LA - BY!

folgt Str. 2

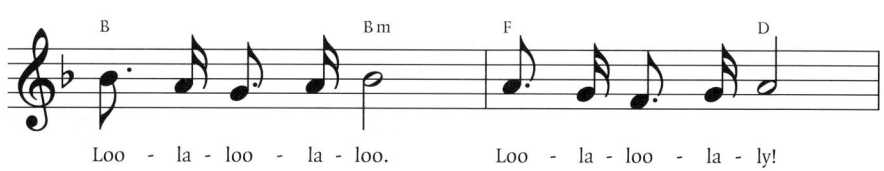

Loo - la - loo - la - loo.   Loo - la - loo - la - ly!

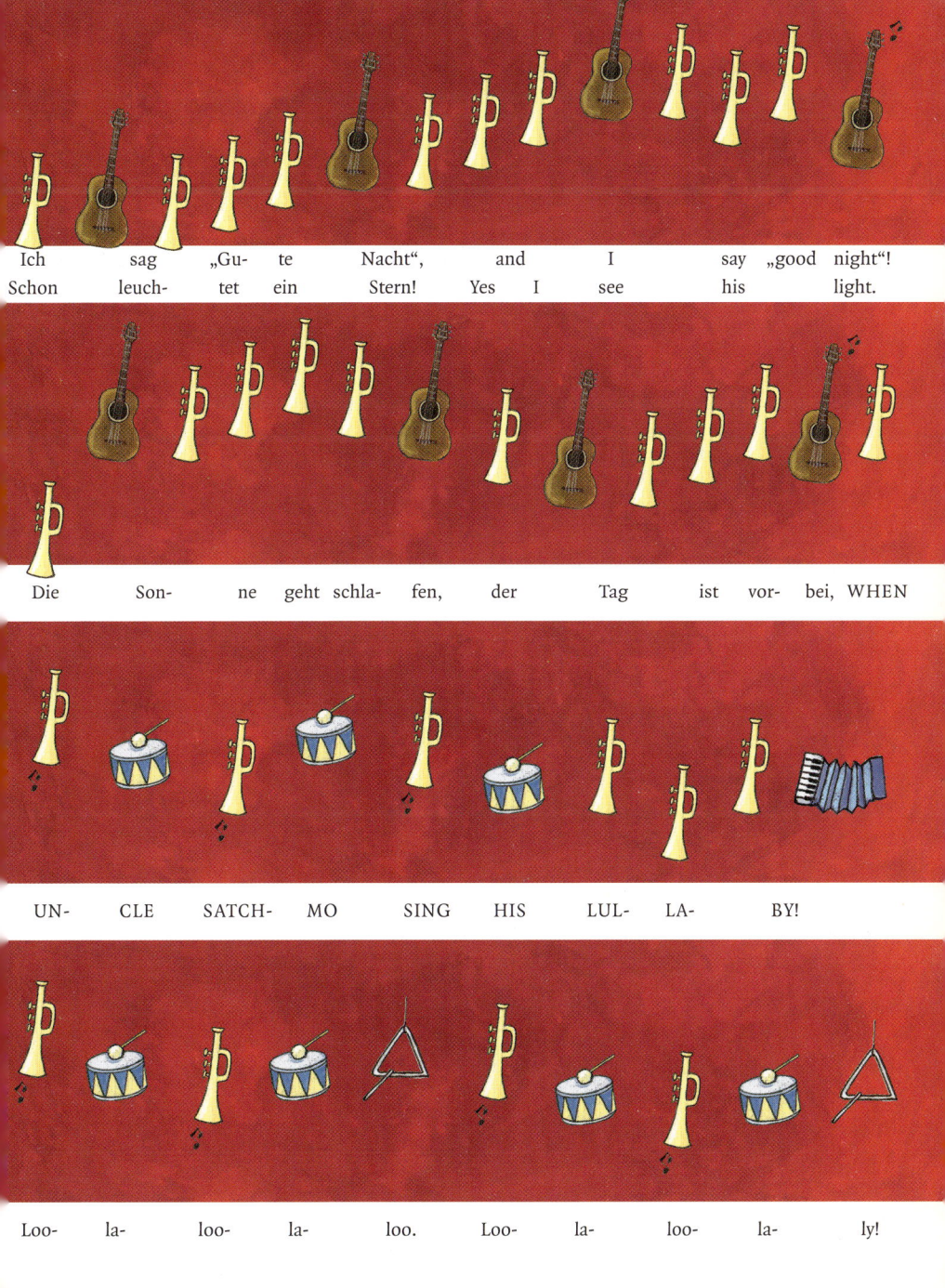

Ich sag „Gu- te Nacht", and I say „good night"!
Schon leuch- tet ein Stern! Yes I see his light.

Die Son- ne geht schla- fen, der Tag ist vor- bei, WHEN

UN- CLE SATCH- MO SING HIS LUL- LA- BY!

Loo- la- loo- la- loo. Loo- la- loo- la- ly!

UN - CLE SATCH - MO'S LUL - LA - BY! Loo - la - loo - la -

loo. Loo - la - loo - la - ly! UN - CLE SATCH - MO'S

Bo - bo - bo - bo - bo - bo - bo LUL - LA - BY!

UN- CLE SATCH- MO'S LUL- LA- BY!   Loo- la- loo- la-

loo.   Loo- la- loo- la- ly!   UN- CLE SATCH- MO'S

Bo- bo- bo- bo- bo- bo- bo LUL- LA- BY!

Sandmann, lieber Sandmann

Text: Walter Krumbach
Melodie: Wolfgang Richter

1. Sand - mann, lie - ber Sand - mann, es ist noch nicht so weit!
2. Sand - mann, lie - ber Sand - mann, hab nur nicht sol - che Eil'!
3. Kin - der, lie - be Kin - der, das hat mir Spaß ge - macht.

1. Wir sen - den erst den A - bend - gruß, eh' je - des Kind ins Bett - chen muss, du hast ge - wiss noch Zeit.
2. Dem A - bend - gruß vom Fern - seh - funk lausch je - den A - bend Alt und Jung, sei un - ser Gast der - weil.
3. Nun schnell ins Bett und schlaft recht schön, dann darf auch ich zur Ru - he gehn. Ich wünsch euch gu - te Nacht.

Sand- mann, lie- ber Sand- mann, es ist noch nicht so

weit! Wir sen- den erst den A- bend- gruß,

eh' je- des Kind ins Bett- chen muss,

du hast ge- wiss noch Zeit.

Schlaf, Herzenssöhnchen

Text: Franz Karl Hiemer
Melodie: Carl Maria von Weber

1. Schlaf, Her - zens - söhn - chen, mein Lieb - ling bist du.
2. Jetzt noch, mein Söhn - chen, ist gol - de - ne Zeit,
3. Schlaf, Her - zens - söhn - chen, und kommt gleich die Nacht,

Schlie - ße die blau - en Guck - äu - ge - lein zu!
spä - ter, ach, spä - ter ist's nim - mer wie heut.
sitzt doch die Mut - ter am Bett - chen und wacht.

Al - les ist ru - hig und still wie ein Grab,
Stel - len erst Sor - gen ums La - ger sich her,
Sei es sehr spät auch und sei es sehr früh,

schlaf nur, ich weh - re die Flie - gen dir ab.
Kind - chen, dann schläft sich's so ru - hig nicht mehr.
Mut - ter - lieb', Söhn - chen, ent - schlum - mert doch nie.

chlaf, Her- zens- söhn- chen, mein Lieb- ling bist du.

Schlie- ße die blau- en Guck- äu- ge- lein zu!

Al- les ist ru- hig und still wie ein Grab,

schlaf nur, ich weh- re die Flie- gen dir ab.

Schlaf, Kindlein, schlaf!

Text: Joachim Heinrich Campe
Melodie: Johann Friedrich Reichardt

1. Schlaf, Kind - lein, schlaf! Dein Va - ter hüt' die Schaf'. Die
2. Schlaf, Kind - lein, schlaf! Am Him - mel ziehn die Schaf'. Die
3. Schlaf, Kind - lein, schlaf! So schenk ich dir ein Schaf, mit
4. Schlaf, Kind - lein, schlaf! Geh fort und hüt die Schaf'. Geh

Mut - ter schüt - telt's Bäu - me - lein, da fällt he - rab ein
Stern - lein sind die Läm - mer - lein, der Mond, der ist das
ei - ner gold - nen Schel - le fein, das soll dein Spiel - ge -
fort, du schwar - zes Hün - de - lein und weck mir nicht mein

Träu - me - lein. Schlaf, Kind - lein, schlaf!
Schä - fer - lein. Schlaf, Kind - lein, schlaf!
sel - le sein. Schlaf, Kind - lein, schlaf!
Kin - de - lein. Schlaf, Kind - lein, schlaf!

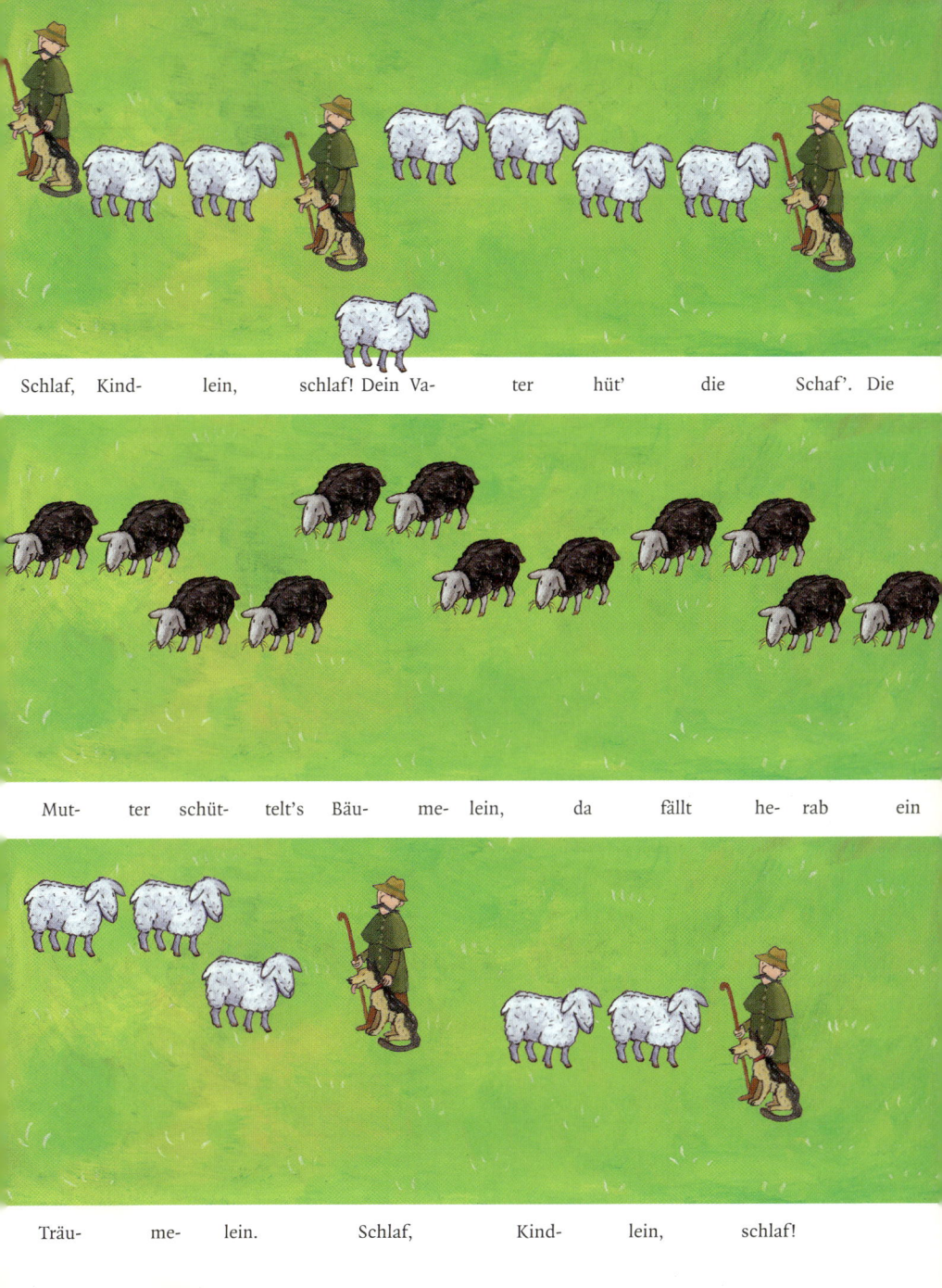

Schlaf, Kind- lein, schlaf! Dein Va- ter hüt' die Schaf'. Die

Mut- ter schüt- telt's Bäu- me- lein, da fällt he- rab ein

Träu- me- lein. Schlaf, Kind- lein, schlaf!

Schlafe, mein Prinzchen

Text: Friedrich Wilhelm Gotter
Melodie: Bernhard Fliess

1. Schla - fe, mein Prinz - chen, schlaf ein! Schäf - chen ruhn
2. Auch in dem Schlos - se schon liegt al - les in
3. Wer ist be - glück - ter als du? Nichts als Ver -

und Vö - ge - lein, Gar - ten und Wie - se ver - stummt,
Schlum-mer ge - wiegt; re - get kein Mäus-chen sich mehr,
gnü - gen und Ruh! Spiel-werk und Zu - cker voll - auf

auch nicht ein Bien - chen mehr summt; Lu - na mit sil - ber-nem
Kel - ler und Kü - che sind leer. Nur in der Zo - fe Ge -
und noch Ka - ros - sen im Lauf! Al - les be - sorgt und be -

Schla-   fe,   mein   Prinz-   chen,   schlaf   ein!   Schäf-   chen   ruhn

und   Vö-   ge-   lein,   Gar-   ten   und   Wie-   se   ver-   stummt,

auch   nicht   ein   Bien-   chen   mehr   summt;   Lu-   na   mit   sil-   ber-   nem

Schein   gu - cket zum Fens - ter he - rein.
mach   tö - net ein schmel - zen - des Ach!
reit,   dass nur mein Prinz - chen nicht schreit.

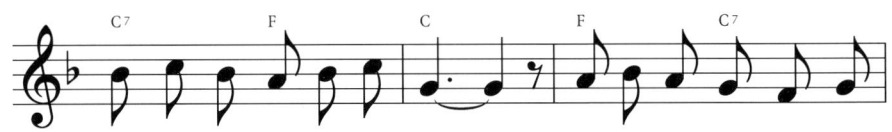

Schla - fe beim sil - ber - nen Schein,   schla - fe, mein Prinz-chen, schlaf
Was für ein Ach mag das sein?   Schla - fe, mein Prinz-chen, schlaf
Was wird da künf - tig erst sein?   Schla - fe, mein Prinz-chen, schlaf

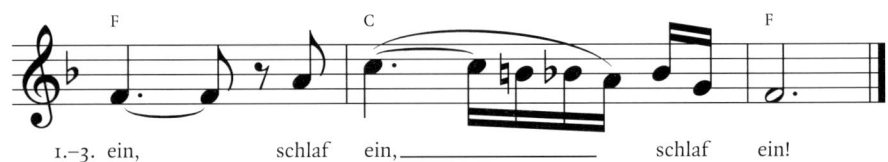

1.-3. ein,   schlaf ein, _____ schlaf ein!

Schein gu- cket zum Fens- ter he- rein.

Schla- fe beim sil- ber- nen Schein, schla- fe, mein Prinz- chen, schlaf

ein, schlaf ein, schlaf ein!

Schlaflied für Anne

Text: Fredrik Vahle
Melodie: trad.

1. Schlaf, An - ne, schlaf nur ein, bald kommt die Nacht.
2. Schlaf, An - ne, schlaf nur ein, bald kommt der Mond,
3. Schlaf, An - ne, schlaf nur ein, bald kommt ein Traum.

Hat sich aus Wol - ken Pan - tof - feln ge - macht.
der drau - ßen hin - ter den Birn - bäu - men wohnt,
Schlupft dir zum Ohr hi - nein, merkst ihn erst kaum,

Kommt von den Ber - gen, kommt von ganz weit.
ei - ner da - von kit - zelt ihn sanft am Kinn.
fährst auf dem Traum - schiff ans En - de der Nacht

Schlaf, An - ne, schlaf nur ein, 's ist Schla - fens - zeit.
Lä - chelt der Mond und zieht lei - se da - hin.
bis dir der Mor - gen die Au - gen auf - macht.

Schlaf, An- ne, schlaf nur ein, bald kommt die Nacht.

Hat sich aus Wol- ken Pan- tof- feln ge- macht.

Kommt von den Ber- gen, kommt von ganz weit.

Schlaf, An- ne, schlaf nur ein, 's ist Schla- fens- zeit.

Sieben kleine Siebenschläfer

Text und Melodie:
Dorothée Kreusch-Jacob

1. Sie - ben ' klei - ne   Sie - ben - schlä - fer   pa - cken   Sie - ben -
2. Sie - ben   klei - ne   Sie - ben - schlä - fer   hu - schen   durch   die
3. Sie - ben   klei - ne   Sie - ben - schlä - fer   schla - fen   tief   und

sa - chen,   Fe - dern, Wol - le,   Blät - ter,   Grä - ser,
Bäu - me,   sam - meln Tö - ne,   Son - nen - strah - len,
fest,   ein - ge - rollt zum   Sie - ben - schlaf,

woll'n ein Nest sich   ma - chen.   woll'n ein Nest sich   ma - chen.
Bil - der   für   die   Träu - me.   Bil - der   für   die   Träu - me.
Fell   an Fell   im   Nest.   Fell   an Fell   im   Nest.

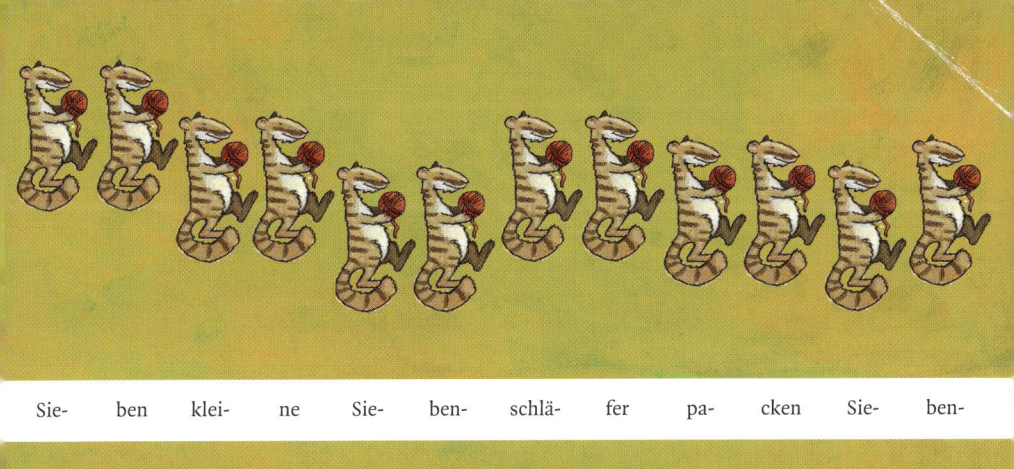

Sie- ben klei- ne Sie- ben- schlä- fer pa- cken Sie- ben-

sa- chen, Fe- dern, Wol- le, Blät- ter, Grä- ser,

woll'n ein Nest sich ma- chen. woll'n ein Nest sich ma- chen.

Sultans Schlummerlied

Text und Melodie:
Carl Graf von Pocci

1. Stil - le, stil - le, schwei-get still, weil der Sul - tan schla-fen will!
2. Schmet-ter - lin - ge, flat - tert nicht, setzt euch nicht auf sein Ge-sicht;

Nur das Sil - ber - glöck - lein schwingt, dass es nicht zu hel - le klingt!
dass ihr nicht den Sul - tan weckt, auf dem La - ger aus - ge-streckt.

Bim, bim, bim, bim, bim, bim, bim, bim, bim!

Stil- le, stil- le, schwei- get still, weil der Sul- tan schla- fen will!

Nur das Sil- ber- glöck- lein schwingt, dass es nicht zu hel- le klingt!

Bim, bim, bim, bim, bim, bim, bim, bim, bim!

Weißt du, wie viel Sternlein stehen

Text: Wilhelm Hey
Melodie: trad.

1. Weißt du wie viel Stern - lein ste - hen an dem blau - en
Weißt du, wie viel Wol - ken ge - hen weit - hin ü - ber

2. Weißt du, wie viel Mück - lein spie - len in der hei - ßen
wie viel Fisch - lein auch sich küh - len in der hel - len

3. Weißt du, wie viel Kin - der frü - he stehn aus ih - ren
dass sie oh - ne Sorg und Mü - he fröh - lich sind im

Him - mels - zelt? Gott der Herr hat sie ge - zäh - let,
al - le Welt? dass ihm auch nicht ei - nes feh - let

Son - nen - glut? Gott der Herr rief sie mit Na - men,
Was - ser - flut? dass sie all ins Le - ben ka - men,

Bett - lein auf, Gott im Him - mel hat an al - len
Ta - ges - lauf? sei - ne Lust, sein Wohl - ge - fal - len

an der gan - zen gro - ßen Zahl, an der gan - zen gro - ßen Zahl.
dass sie nun so fröh - lich sind, dass sie nun so fröh - lich sind.
kennt auch dich und hat dich lieb, kennt auch dich und hat dich lieb.

Weißt du wie viel Stern- lein ste- hen an dem blau- en
Weißt du, wie viel Wol- ken ge- hen weit- hin ü- ber

Him- mels- zelt? Gott der Herr hat sie ge- zäh- let,
al- le Welt? dass ihm auch nicht ei- nes feh- let

an der gan- zen gro- ßen Zahl, an der gan- zen gro- ßen Zahl.

Wenn das Sandmännchen kommt

Text und Melodie:
trad.

Stil - le,   stil - le,   kein   Ge - räusch   ge - macht!

Da - rum   seid   nur   al - le   still,
weil   mein   Kind - lein   schla - fen   will!

Stil - le,   stil - le,   kein   Ge - räusch   ge - macht!

Stil- le, stil- le, kein Ge- räusch ge- macht!

Da- rum seid nur al- le still,
weil mein Kind- lein schla- fen will!

Stil- le, stil- le, kein Ge- räusch ge- macht!

Wenn die Ritter schlafen gehen

Text: Bernd Kohlhepp
Melodie: Jürgen Treyz

1. Wenn die Rit - ter schla - fen ge - hen, darf das
   Schwert und Lan - ze, al - le Waf - fen sind den

2. Wenn die Rit - ter schla - fen ge - hen, ziehn sie
   Ist die Rüs - tung fest - ge - ros - tet, ho - len

3. Wenn die Rit - ter schla - fen ge - hen, ma - chen
   Sieht man wen im wei - ßen Hemd mit Hu -

nicht in Rüs - tung sein. Denn wenn sie in Ei - sen
Bet - ten fern. Wenn sie schla - fen, war - ten
sich mit Werk - zeug aus. Schrau - ben - zie - her, Ga - bel -
sie den Schmied. Die - ser häm - mert ganz be -
sie die Au - gen zu. Schla - fen un - ter di - cken
hu und Ho - ho, ist's kein Geist – ein Rit - ter

lie - gen, kracht ihr Him - mel - bett noch ein.
Rit - ter auf den Mor - gen - stern.
schlüs - sel ha - ben sie des - halb im Haus.
hut - sam, weil ihm sonst was blüht ...
De - cken, dann ist auf dem Burg - hof Ruh.
bloß, der muss mal aufs Klo.

| Wenn | die | Rit- | ter | schla- | fen | ge- | hen, | darf | das |
| Schwert | und | Lan- | ze, | al- | le | Waf- | fen | sind | den |

| nicht | in | Rüs- | tung | sein. | Denn | wenn | sie | in | Ei- | sen |
| Bet | - | ten | | fern. | Wenn | sie | schla- | fen, | war- | ten |

| lie- | gen, | kracht | ihr | Him- | mel- | bett | noch | ein. |
| Rit- | ter | auf | den | Mor | - | - | gen- | stern. |

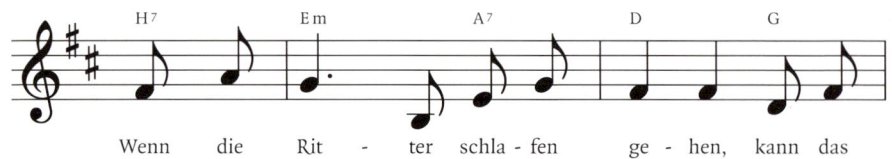

Wenn die Rit - ter schla - fen ge - hen, kann das

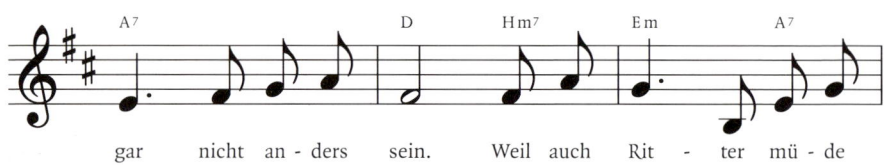

gar nicht an - ders sein. Weil auch Rit - ter mü - de

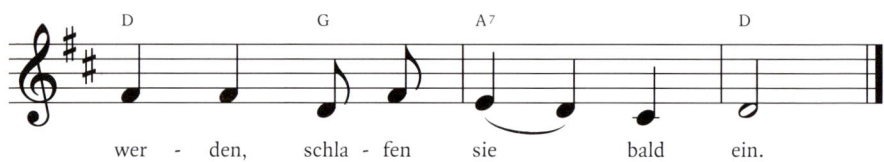

wer - den, schla - fen sie bald ein.

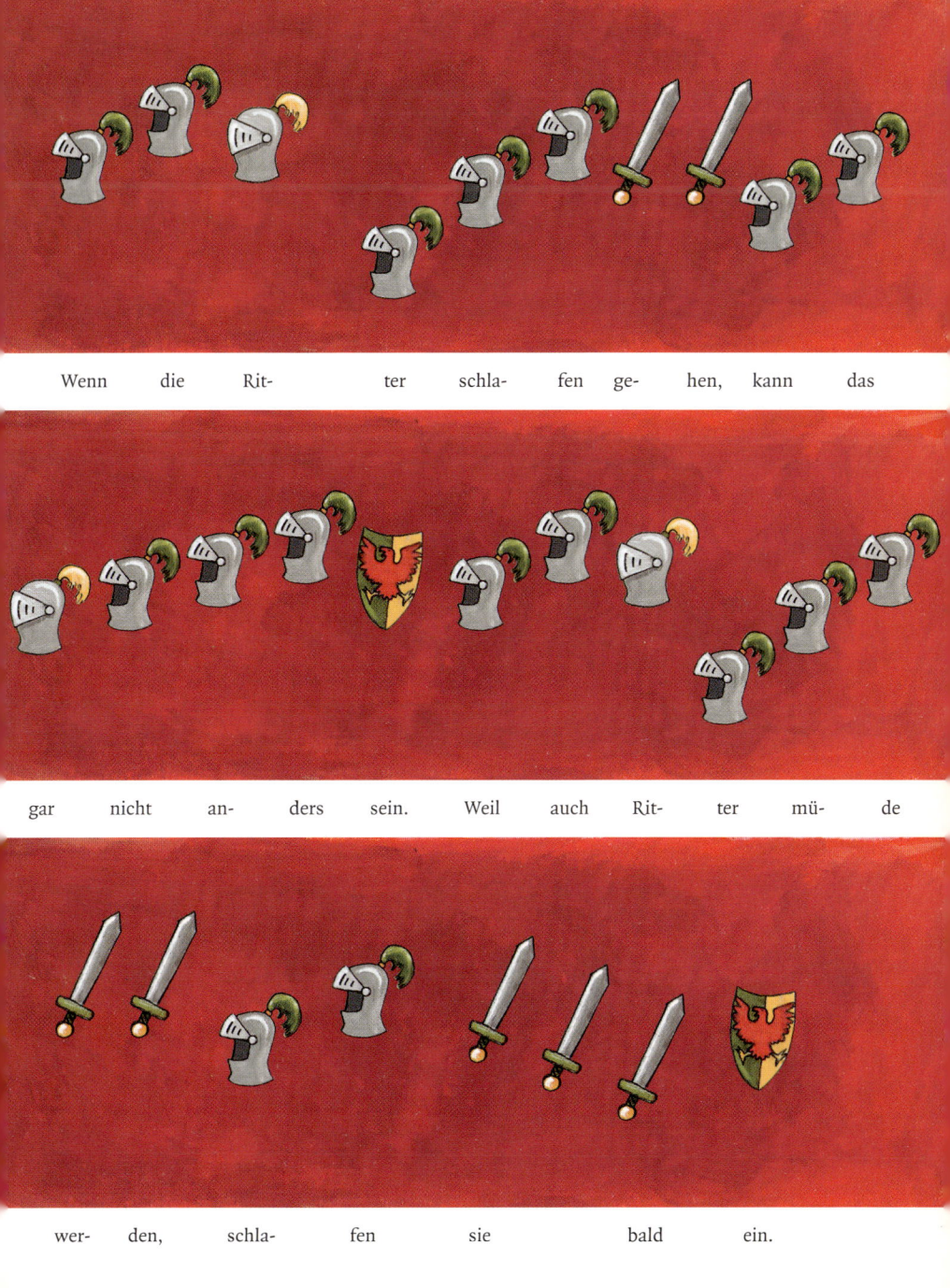

Wenn die Rit- ter schla- fen ge- hen, kann das

gar nicht an- ders sein. Weil auch Rit- ter mü- de

wer- den, schla- fen sie bald ein.

Wer hat die schönsten Schäfchen

Text: Hoffmann von Fallersleben
Melodie: Friedrich Reichardt

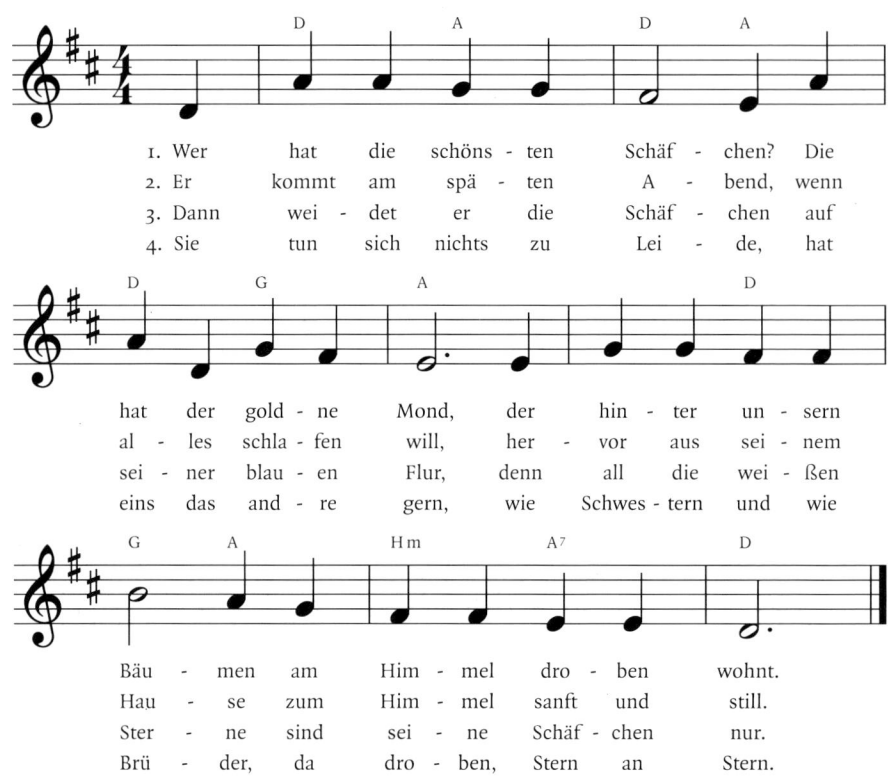

1. Wer	hat	die	schöns - ten		Schäf -	chen?	Die
2. Er	kommt	am	spä - ten		A -	bend,	wenn
3. Dann	wei - det	er	die		Schäf -	chen	auf
4. Sie	tun	sich nichts	zu		Lei -	de,	hat

hat	der	gold - ne	Mond,	der	hin -	ter	un - sern
al -	les	schla - fen	will,	her -	vor	aus	sei - nem
sei -	ner	blau - en	Flur,	denn	all	die	wei - ßen
eins	das	and - re	gern,	wie	Schwes - tern	und	wie

Bäu -	men	am	Him -	mel	dro - ben	wohnt.
Hau -	se	zum	Him -	mel	sanft und	still.
Ster -	ne	sind	sei -	ne	Schäf - chen	nur.
Brü -	der,	da	dro -	ben,	Stern an	Stern.

5. Und soll ich dir eins bringen,
   so darfst du niemals schrein,
   musst freundlich wie die Schäfchen
   und wie ihr Schäfer sein.

Wer hat die schöns- ten Schäf- chen? Die

hat der gold- ne Mond, der hin- ter un- sern

Bäu- men am Him- mel dro- ben wohnt.

Wie man schlafen geht

Text: Eva Bartoschek-Rechlin
Melodie: Richard Rudolf Klein

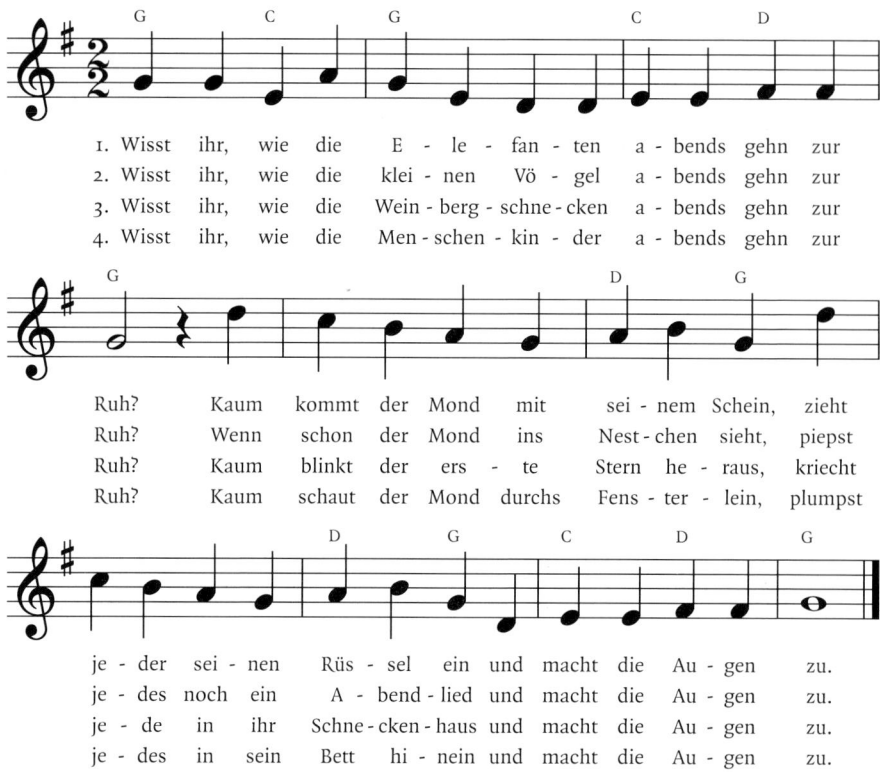

1. Wisst ihr, wie die E - le - fan - ten a - bends gehn zur
2. Wisst ihr, wie die klei - nen Vö - gel a - bends gehn zur
3. Wisst ihr, wie die Wein - berg - schne - cken a - bends gehn zur
4. Wisst ihr, wie die Men - schen - kin - der a - bends gehn zur

Ruh? Kaum kommt der Mond mit sei - nem Schein, zieht
Ruh? Wenn schon der Mond ins Nest - chen sieht, piepst
Ruh? Kaum blinkt der ers - te Stern he - raus, kriecht
Ruh? Kaum schaut der Mond durchs Fens - ter - lein, plumpst

je - der sei - nen Rüs - sel ein und macht die Au - gen zu.
je - des noch ein A - bend - lied und macht die Au - gen zu.
je - de in ihr Schne - cken - haus und macht die Au - gen zu.
je - des in sein Bett hi - nein und macht die Au - gen zu.

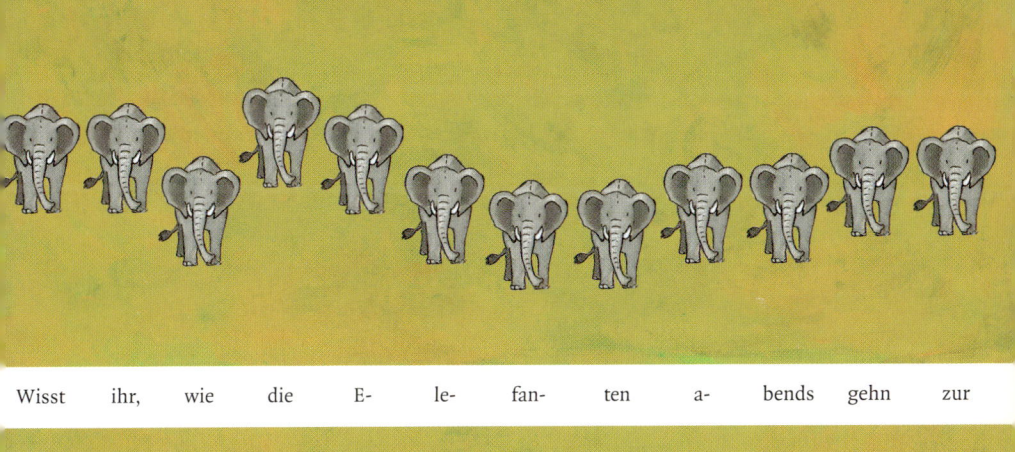

Wisst ihr, wie die E- le- fan- ten a- bends gehn zur

Ruh? Kaum kommt der Mond mit sei- nem Schein, zieht

je- der sei- nen Rüs- sel ein und macht die Au- gen zu.

Zauberspruch gegen böse Träume

Text: Michael Ende
Melodie: Dorothée Kreusch-Jacob

| Em | G | D | G | Em | G |

1. E - ne be - ne sub - tra - he - ne! Kei - ne Angst und
2. Bö - se Träu - me, lasst euch sa - gen: Euch kann je - des
3. Um ein En - de euch zu ma - chen, brauch ich ja nur
4. Soll ich euch nicht so be - han - deln, müsst ihr euch so -

| D | G | Em | H7 | Em |

kei - ne Trä - ne! Schon ist al - les nicht mehr schwer.
Kind ver - ja - gen! Kommt nur ja nicht zu mir her!
auf - zu - wa - chen und schon gibt es euch nicht mehr!
fort ver - wan - deln: Gu - te Träu - me mag ich sehr!

5. Seid ihr gut, dann dürft ihr bleiben.
   Seid ihr bös, wird euch vertreiben:
   Ene bene timpe teer!